AMAZONASECHO SHOW 10 VS ECHO SHOW 8

Einfache Schritt-für-Schritt-Anleitung zur Nutzung und Beherrschung der Amazon Alexa-Geräte für alle

Jim Rolly

Inhalt

Einführung

Die bahnbrechenden Entwicklungen in der Smart-Display-Technologie, die Amazon Echo Show 10 und Echo Show 8 repräsentieren, sind fest in das Gefüge des modernen Lebens eingewoben. Beide Gadgets stammen aus der erfinderischen und benutzerorientierten Amazon-Familie.

Amazon Echo Show 10: Mit modernster Funktionalität ist der Echo Show 10 ein Flaggschiff unter den Smart Displays. Einzigartig ist die motorisierte Basis, die es dem 10,1-Zoll-Bildschirm ermöglicht, sich jederzeit zu drehen und dem Benutzer zuzuwenden.

Diese revolutionäre dynamische Bewegung, die von einem bürstenlosen Motor angetrieben wird, ermöglicht es dem Gerät, Menschen im Raum zu folgen. Die Integration von zwei 1-Zoll-Hochtönern und einem 3-Zoll-Tieftöner macht den Echo Show 10 zu einem akustischen Kraftpaket, das ein beeindruckendes Erlebnis bietet. Der größere Bildschirm, die verbesserte Audioqualität und die Bewegungsverfolgungsfunktionen des Echo Show 10 machen ihn zu einer attraktiven Wahl für Verbraucher, die ein funktionsreiches Smart Display suchen, auch wenn es teurer ist.

Amazon Echo Show 8: Obwohl der Echo Show 8 etwas kleiner ist, ist er dennoch ein starker Konkurrent. Der Echo Show 8 der dritten Generation, der über eine 13-Megapixel-Kamera, verbesserte

Audioqualität und räumliche Fähigkeiten verfügt, ist eine wesentliche Verbesserung gegenüber dem Vorgängermodell. Mit seiner 13-Megapixel-Hauptkamera, die Videoanrufe verbessert, und schnelleren Reaktionszeiten ist das Gerät führend unter den benutzerfreundlichen Kommunikationsgeräten. Adaptive Inhalte sind eine Funktion des Modells 2023, die ein individuelles Erlebnis bietet, indem sie sich an die Nähe des Benutzers anpassen. Der Echo Show 8 ist preisgünstig und bietet eine gute Mischung aus anspruchsvoller Funktionalität und Erschwinglichkeit. Er ist eine überzeugende Option für alle, die ein vielseitiges Smart-Display suchen.

Benutzerfreundliche Smart Displays sind in Smart Homes unverzichtbar

Die Integration intelligenter Displays wird immer wichtiger, da die Technologie unsere Lebensweise immer weiter verändert. Diese Gadgets revolutionieren die Art und Weise, wie wir mit unserer Wohnumgebung interagieren, und gehen über den bloßen Komfort hinaus.

1. Zentraler Steuerungs-Hub: Einige Smart-Home-Geräte werden zentral über Smart Displays gesteuert. Mit Funktionen wie Zigbee-Kompatibilität und Smart-Home-Integration erleichtern Echo Show 10 und Echo Show 8 die Steuerung von Lichtern, Thermostaten, Sicherheitskameras und anderen Geräten. Diese zentrale Steuerung erleichtert die täglichen Aufgaben und bietet Kunden außerdem eine benutzerfreundliche Oberfläche zur bequemen Überwachung und Steuerung ihrer angeschlossenen Geräte.

2. Reibungslose Kommunikation: Die Echo Show-Serie glänzt im Bereich der Kommunikation, die die Grundlage intelligenter Displays bildet. Mit Funktionen wie Audio- und Videogesprächen gehen diese Gadgets über herkömmliche Kommunikationswege hinaus. Die verbesserte Kamera des Echo Show 8 und die motorisierte Basis des Echo Show 10, die Benutzern während Gesprächen folgt, verbessern die Kommunikation und fördern reibungslose Verbindungen zwischen Benutzern, unabhängig davon, ob sie in der Nähe oder in der Ferne wohnen.

3. Unterhaltungszentrum: Intelligente Bildschirme fungieren zusätzlich zu ihrem Nutzen auch als Unterhaltungszentren. Mit Zugriff auf Musik-Streaming-Dienste,

Videoinhalte und Streaming-Dienste erfüllen beide Echo Show-Geräte die Multimedia-Anforderungen ihrer Verbraucher. Der größere Bildschirm und die verbesserte Akustik des Echo Show 10 verbessern das Unterhaltungserlebnis und schaffen eine immersive Atmosphäre direkt zu Hause.

4. Anpassbare Inhalte und Benutzerinteraktion: Die Integration von Funktionen wie anpassbaren Inhalten in den Echo Show 8 verleiht der Benutzerinteraktion eine neue Perspektive. Die Anpassung der Anzeige an die Nähe des Benutzers garantiert ein individuelles und intuitives Erlebnis. Diese adaptive Strategie zeigt, wie wichtig es den Gadgets ist, die Präferenzen der Benutzer zu verstehen und darauf einzugehen, wodurch die Nutzung und Freude an der Technologie gesteigert wird.

5. Integration mit virtuellen Assistenten: Alexa von Amazon ist der wichtigste virtuelle Assistent, mit dem beide Echo Show-Geräte problemlos interagieren können. Mit dieser Verbindung wird das Smart Display zu einem klugen Begleiter, der auf Anfragen antworten, Wetterberichte ausgeben und sogar Sprachbefehle zur Bedienung anderer Smart-Geräte entgegennehmen kann. Der allgemeine Reiz von Smart Displays in einer Smart-Home-Umgebung wird durch die einfache Nutzung dieser Interaktionen verstärkt.

Zusammenfassend lässt sich sagen, dass Amazon Echo Show 10 und Echo Show 8 nicht nur technologische Errungenschaften, sondern auch der Inbegriff benutzerfreundlicher Smart-Screens sind. Ihre Funktionen gehen über einfache Funktionen hinaus und verbessern die Lebensqualität der Kunden, indem sie reibungslose Kommunikation, zentrale Steuerung und ansprechende Unterhaltung bieten. Intelligente Bildschirme werden in Smart Homes immer wichtiger und diese Geräte sind hervorragende Beispiele für benutzerzentrierte Innovation.

Echo Show 10 vs. Echo Show 8 Vergleich

Welcher Echo Show zwischen 10 und 8 gewählt werden soll, hängt von den Bedürfnissen und Vorlieben des einzelnen Benutzers ab. Beide Geräte weisen unterschiedliche Merkmale auf, und die Kenntnis der Hauptunterschiede zwischen ihnen kann Verbrauchern dabei helfen, eine fundierte Entscheidung zu treffen.

Benutzerfaktoren für Design und Konstruktion

Die Designansätze des Echo Show 8 und 10 sind unterschiedlich. Mit seiner motorisierten Basis verfügt der Echo Show 10 über ein futuristisches Design, das es seinem 10,1-Zoll-Bildschirm ermöglicht, sich zu drehen und Benutzern durch den Raum zu folgen. Durch dieses kreative Design wird das Engagement der Benutzer verbessert, insbesondere wenn sie sich im Raum bewegen oder Videoanrufe tätigen. Der Echo Show 8 hingegen verfügt über einen 8-Zoll-Bildschirm, der an Ort und Stelle bleibt und eher wie ein typisches Tablet gestaltet ist.

Es ist wichtig, sowohl den beabsichtigten Anwendungsfall als auch die Designpräferenzen zu berücksichtigen. Für Personen, die eine dynamische Bildschirmplatzierung bevorzugen, ist die motorisierte Basis des Echo Show 10 besonders nützlich für Aktivitäten, die eine kontinuierliche Auseinandersetzung mit dem Display erfordern.

Einblicke in die audiovisuelle Benutzererfahrung:

Das Benutzererlebnis wird stark von den Anzeige- und Audiofunktionen beeinflusst. Der 10,1-Zoll-Bildschirm des Echo Show 10 bietet eine größere Fläche für visuelles Material und sorgt so für ein ansprechenderes Seherlebnis. Mit seiner adaptiven Inhaltsfunktion werden relevante Informationen dynamisch angezeigt und basierend auf der Umgebung des Benutzers angepasst. In gut beleuchteten Bereichen kann es jedoch zu Problemen mit der Reflexionsqualität des Displays kommen.

Andererseits bietet der 8-Zoll-Bildschirm des Echo Show 8 eine kompaktere Darstellung. Wer auf der Suche nach einem ausgewogenen Verhältnis von Geräte-Grundfläche und

Bildschirmgröße ist, könnte das Benutzererlebnis ansprechend finden. Beide Geräte verfügen über eine gute Audioqualität. Der 3-Zoll-Tieftöner und die beiden 1-Zoll-Hochtöner des Echo Show 10 sorgen jedoch für ein stärkeres Klangerlebnis, sodass sich diejenigen, die Wert auf Audioleistung legen, für ihn entscheiden sollten.

Anleitung zu Kamerafunktionen:

Eine wichtige Komponente ist die Funktionalität der Kamera, insbesondere für diejenigen, die interaktive Funktionen, Video-Chats oder Smart-Home-Sicherheit wünschen. Mit seiner 13-Megapixel-Kamera und der motorisierten Basis, die es ermöglicht, Benutzern bei Videogesprächen zu folgen, hebt sich der Echo Show 10 von der Konkurrenz ab. Durch die

Positionierung der Kamera in der Mitte entsteht ein natürlicheres Kommunikationserlebnis, das den Blickkontakt verbessert.

Die 13-MP-Kamera des Echo Show 8 hingegen ist stationär. Bei Bedarf können Benutzer ihre Privatsphäre wahren, indem sie den Kamerawinkel manuell mit dem eigentlichen Verschlussschieber anpassen. Für Kunden, die eine konventionellere Videoanrufkonfiguration ohne automatisches Tracking wünschen, ist die feste Kamera eine gute Option.

Bei den Kamerafunktionen ist es wichtig, die persönlichen Vorlieben zu kennen. Kunden, die Wert auf manuelle Steuerung und Privatsphäre legen, finden möglicherweise den Echo Show 8 geeigneter, während diejenigen, die dynamische Videoanrufe und interaktive Funktionen bevorzugen, möglicherweise zum Echo Show 10 tendieren.

Bewegungsverfolgung aus Sicht des Benutzers
Die Bewegungsverfolgung des Echo Show 10 führt zu einer revolutionären Veränderung in der Art und Weise, wie Menschen mit intelligenten Displays interagieren. Diese Funktion bietet eine bisher nie dagewesene Flexibilität und Benutzerfreundlichkeit und verbessert das Benutzererlebnis insgesamt erheblich.

Reibungslose Kommunikation

Dank seiner motorisierten Basis kann sich der Echo Show 10 automatisch drehen und Benutzern durch den Raum folgen. Dadurch ist es für Benutzer nicht mehr erforderlich, die Position des Displays manuell zu ändern, was ein flüssiges und ansprechendes Eingreifen gewährleistet. Der Echo Show 10 passt sich problemlos an Ihren Standort an, unabhängig davon, ob Sie sich in Ihrem Raum bewegen, Inhalte ansehen oder einen Video-Chat führen

Eine neue Sicht auf Videoanrufe

Die Bewegungsverfolgungsfunktion des Echo Show 10 ist für diejenigen, die viele Videochats führen, sehr hilfreich. Dadurch, dass Sie in der Mitte des Bildes bleiben, ermöglicht das Gadget einen organischeren und interessanteren Dialog. Diese Funktion ist besonders hilfreich für Menschen mit einem hektischen Lebensstil oder eingeschränkter Mobilität, da sich das Gerät sofort an ihre Bewegungen anpassen kann.

Verbesserte Nutzung von Inhalten

Die Bewegungsverfolgung wird durch die Funktion „Adaptive Content" verbessert, die die Anzeige entsprechend der Nähe des Benutzers anpasst. Das Smartphone zeigt möglicherweise grundlegende Informationen oder einen Bildschirmschoner an, während Sie weiter entfernt stehen. Je näher die Besucher kommen, desto sanfter wird auf tiefergehendes Material umgeschaltet und bietet so ein individuelles Erlebnis, je nachdem, wo sie sich befinden. Dies erhöht die Intuitivität und Benutzerfreundlichkeit der Benutzeroberfläche und verleiht ihr gleichzeitig eine persönliche Note.

Datenschutzbezogene Probleme

Obwohl es sich bei der Bewegungsverfolgung um eine innovative Funktion handelt, ist der Schutz der Privatsphäre des Benutzers immer noch von größter Bedeutung. Ein physischer Kameraverschluss des Echo Show 10 dient gleichzeitig als Mikrofon-Notausschalter und als Privatsphärenfunktion. Verbraucher können wählen, wann die Kamera aufzeichnet, und können so beruhigt sein, wenn es um Datenschutzprobleme geht.

Preisintelligenz für fundierte Entscheidungen

Um eine fundierte Entscheidung über den Kauf eines Smart Displays zu treffen, ist ein Bewusstsein für die Preisdynamik erforderlich. Der Echo Show 10 und der Echo Show 8 bieten unterschiedliche Funktionen in unterschiedlichen Preisklassen und erfüllen ein breites Spektrum an Kundenpräferenzen und finanziellen Einschränkungen.

Echo Show 10

Der als Premium-Produkt positionierte Echo Show 10 wird zu seinem höheren Preis durch seine neuartigen Funktionen wie Bewegungsverfolgung und ein größeres Display gerechtfertigt. Es richtet sich an Verbraucher, die nach modernster Technologie und einem ansprechenden Benutzererlebnis suchen, und kostet 249,99 US-Dollar. Zusätzlich zur Abdeckung modernster Hardware fließen die zusätzlichen Kosten in fortlaufende Software-Upgrades und Funktionsunterstützung.

Echo Show Nr. 8

Der Echo Show 8 hingegen findet einen guten Mittelweg zwischen Preis und Nutzen. Es kostet 150 US-Dollar und bietet einige Smart-Display-Funktionen ohne den hohen Preis des Echo Show 10. Dies macht es zu einer wünschenswerten Wahl für diejenigen, die ein kostengünstiges, zuverlässiges Smart-Display suchen.

Mit Bedacht wählen

Die Entscheidung zwischen dem Echo Show 10 und dem Echo Show 8 hängt letztendlich vom persönlichen Geschmack, den finanziellen Einschränkungen und dem Wert ab, der auf bestimmte Funktionen gelegt wird. Kunden, die Wert auf dynamische Bewegungsverfolgung, modernste Technologie und ein größeres Display legen, könnten entscheiden, dass der Echo Show 10 sein Geld durchaus wert ist. In der Zwischenzeit könnte der Echo Show 8 die beste Alternative für alle sein, die etwas Erschwinglicheres suchen, ohne auf die notwendigen Smart-Display-Funktionen zu verzichten.

Umfassendes Benutzerhandbuch für Echo Show 10

Einrichten: Eine Schritt-für-Schritt-Anleitung

Mit einer Fülle von Funktionen, die sich nahtlos in Ihren Alltag einfügen, ist der Echo Show 10 ein funktionsreiches Smart Display, das Ihr Erlebnis mit einem Smart Home verbessern kann. Diese ausführliche Bedienungsanleitung deckt alles ab, was Sie wissen müssen, um Ihren Echo Show 10 einzurichten, seine Einstellungen an Ihren Geschmack anzupassen, zu lernen, wie Sie die Touch- und Sprachsteuerung für eine nahtlose Navigation verwenden, und einfache Möglichkeiten zum Tätigen von Sprach- und Videoanrufen zu entdecken und genießen Sie

Unterhaltungsmöglichkeiten wie Musik und Videos.

- Einrichten: Eine detaillierte Anleitung

Der einfache Einrichtungsvorgang für Ihren Echo Show 10 garantiert einen nahtlosen Einstieg in die Welt der Smart Screens. Führen Sie zunächst die folgenden Schritte aus:

- Öffnen und Ausrichten:

Nachdem Sie die Verpackung vorsichtig geöffnet haben, platzieren Sie Ihren Echo Show 10 an der besten Stelle in Ihrem Haus.
Ein stabiler Untergrund und eine Stromversorgung sollten in der Nähe sein.

- Anschalten:

Schließen Sie das Gerät mithilfe des mitgelieferten Kabels und Adapters an die Stromquelle an.

Schalten Sie Echo Show 10 ein, indem Sie auf die entsprechende Schaltfläche tippen.

- Geräte-Setup:

Befolgen Sie die Anweisungen auf dem Bildschirm, um Ihre Sprache auszuwählen und eine WLAN-Verbindung herzustellen.

Wenn Sie noch kein Amazon-Konto haben, richten Sie eines ein, bevor Sie sich anmelden.

- Bewegungsverfolgung konfigurieren:

Bewegen Sie den Bildschirm über den gesamten Bereich, damit das Gerät seine

Bewegungsverfolgungsfunktionen anpassen kann.

Dank dieser Kalibrierung folgt Ihnen der Bildschirm nahtlos bei allen Interaktionen.

Passen Sie Ihr Erlebnis individuell an, indem Sie Ihre Präferenzen anpassen

Nachdem Ihr Echo Show 10 betriebsbereit ist, passen Sie die Benutzeroberfläche an Ihren Geschmack an. Passen Sie die folgenden Konfigurationen an:

- Einstellungen anzeigen:

Passen Sie Helligkeit, Farbtemperatur und Bildschirmschoner an Ihren bevorzugten Beleuchtungsstil und die Umgebungsbeleuchtung an.

Verwenden Sie die Option für adaptive Inhalte, um den Bildschirm an Ihre Umgebung anzupassen.

- Soundkonfigurationen:

Für ein fesselndes Hörerlebnis passen Sie die Bass-, Höhen- und räumlichen Audioeinstellungen am Audioausgang an.
Um die Audioqualität zu maximieren, experimentieren Sie mit Equalizer-Einstellungen und Lautstärkeanpassungen.

- Sicherheit und Privatsphäre:

Für mehr Privatsphäre nutzen Sie die physische Mikrofon-Stummschalttaste und den Kameraauslöser.

Konfigurieren Sie die Spracherkennung für sicheren Zugriff und individuelle Antworten.

Verwenden der Benutzeroberfläche: Tipps zur Sprach- und Touch-Steuerung

Für ein einwandfreies Benutzererlebnis ist es unerlässlich, sich mit der Benutzeroberfläche des Echo Show 10 vertraut zu machen. Schauen Sie sich diese Vorschläge zur Touch- und Sprachsteuerung an:

- Berührungsbasierte Navigation:

Wischen Sie nach rechts, um Neuigkeiten und Informationen zu erhalten, nach links, um aktuelle Alexa-Kenntnisse anzuzeigen, und nach unten, um zum Menü zu gelangen.

Für einen einfachen Zugriff auf Gadgets, Einkäufe, Musik, Kalender und Widgets verwenden Sie Verknüpfungssymbole.

- Sprechbefehle:

Wählen Sie Ihr Aktivierungswort (Alexa, Amazon, Computer oder Echo) und aktivieren Sie damit Alexa.

Fragen Sie Alexa nach Wissenswertem, Sportergebnissen, Wetteraktualisierungen und mehr; Sie wird mit relevanten visuellen Informationen auf dem Bildschirm antworten.

Telefonieren mit Sprache und Video: Eine einfach anzuwendende Methode

Reibungslose Sprach- und Videoanrufe mit dem Echo Show 10. Nutzen Sie diese benutzerfreundlichen Strategien:

- Anrufe:

Um Freisprechanrufe zu tätigen, sagen Sie „Alexa, rufe [Name des Kontakts] an".

Nutzen Sie die Drop-In-Funktion, während Sie zwischen Echo Show-Geräten in Ihrem Zuhause telefonieren.

Videogespräche:

Sagen Sie „Alexa, tätige einen Videoanruf mit [Kontaktname]." um einen Videoanruf zu starten.

Für andere Alternativen für Videoanrufe nutzen Sie Skype oder Alexa Calling.

Optionen für Unterhaltung: Videos, Musik und mehr

Mit diesen Optionen können Sie mit Ihrem Echo Show 10 eine Welt voller Unterhaltung erkunden:

- Audio-Streaming:

Um Musik von Pandora, Spotify, Apple Music, Amazon Music oder Live-Radio von TuneIn abzuspielen, fragen Sie Alexa.

Um mehr Streaming-Optionen zu erhalten, koppeln Sie Ihr Telefon.

Ein Video streamen:

Sehen Sie sich Netflix-, Hulu- und Amazon Video-Videos auf dem Bildschirm des Echo Show 10 an.

Um YouTube-Videos anzusehen und abzuspielen, verwenden Sie den Firefox-Webbrowser.

Integration von Smart Homes:

Verwenden Sie Sprachbefehle, um Alexa-kompatible Smart-Home-Geräte zu bedienen.

Mit dem Echo Show 10 können Benutzer sofort auf Video-Feeds von Video-Türklingeln und Heimüberwachungskameras zugreifen.

- Smart Home-Integration: Der Steuerungsknotenpunkt eines Benutzers

Verwandeln Sie Ihren Wohnraum in eine intelligente Oase mit Echo Show 10 als zentraler Steuerzentrale. Mit der Alexa-App können Sie kompatible Smart-Home-Geräte nahtlos verbinden und verwalten. Von der Anpassung der Thermostateinstellungen bis zur Steuerung intelligenter Lichter ermöglicht der Echo Show 10 Benutzern, ihre Umgebung mühelos zu steuern. Entdecken Sie das riesige Ökosystem kompatibler Geräte und machen Sie Ihr Zuhause mit nur wenigen Fingertipps intelligenter.

Adaptive Inhalte und Benutzeroberfläche: Verbesserung der Benutzerinteraktion

Erleben Sie eine dynamische visuelle und akustische Welt dank der Benutzeroberfläche und anpassbaren Inhalten von Echo Show 10. Das 10,1-Zoll-HD-Display des Tablets dreht sich mit Ihnen, sodass Sie die Informationen immer im Blick haben. Fügen Sie Widgets hinzu, die Kalenderereignisse, das Wetter und andere Informationen anzeigen, um Ihren Startbildschirm zu personalisieren.

Beteiligen Sie sich an dynamischen Bildern, während Sie Video-Chats führen, mit detaillierten Rezepten kochen oder Ihre bevorzugten Medien ansehen. Ihre

Anforderungen werden vom Echo Show 10 berücksichtigt, wodurch ein individuelles und verbessertes Benutzererlebnis entsteht.

Erweiterte Tipps zur Alexa-Sprachsteuerung

Entdecken Sie das wahre Potenzial von Alexa mit erweiterten Tipps zur Sprachsteuerung. Steigern Sie Ihre Effizienz, indem Sie Befehle für Musik, Nachrichten und Smart-Home-Geräte beherrschen. Experimentieren Sie mit Befehlen in natürlicher Sprache, um Ihre Interaktionen gesprächiger zu gestalten. Entdecken Sie die Fähigkeiten und Routinen von Alexa, um Aufgaben zu automatisieren und den Alltag zu optimieren. Von der Verwaltung Ihres Tages bis zur Bewirtung Ihrer Gäste – die Beherrschung der erweiterten Sprachsteuerung verwandelt

Ihren Echo Show 10 in einen leistungsstarken virtuellen Assistenten.

Datenschutz- und Sicherheitsfunktionen: Ein Benutzerhandbuch

Ihre Privatsphäre und Sicherheit stehen an erster Stelle. Navigieren Sie durch die robusten Datenschutzeinstellungen des Echo Show 10, um zu steuern, welche Daten erfasst und gespeichert werden. Nutzen Sie den physischen Kameraauslöser und die Mikrofon-/Kamera-Aus-Tasten für zusätzliche Sicherheit. Erfahren Sie, wie Sie Sprachaufzeichnungen verwalten und die Drop-In- und Ankündigungseinstellungen für eine sichere Kommunikation erkunden. Der Echo Show 10 stellt sicher, dass Sie die

Kontrolle haben und stellt Ihre Privatsphäre und Sicherheit in den Vordergrund.

Fehlerbehebung: Häufige Probleme und Lösungen

Haben Sie einen Schluckauf? Unser Leitfaden zur Fehlerbehebung bietet Ihnen schnelle Lösungen für häufig auftretende Probleme. Navigieren Sie von Verbindungsproblemen bis hin zu Anzeigestörungen einfach durch Schritt-für-Schritt-Anleitungen, um Probleme effizient zu lösen. Erfahren Sie, wie Sie Ihr Gerät neu starten, die Firmware aktualisieren und Netzwerkprobleme beheben. Unser umfassender Leitfaden sorgt dafür, dass Ihr Echo Show 10-Erlebnis reibungslos verläuft und Herausforderungen problemlos gemeistert werden.

Tipps zur Optimierung Ihres Echo Show 10-Benutzererlebnisses

Maximieren Sie Ihr Echo Show 10-Erlebnis mit Expertentipps. Entdecken Sie das volle Potenzial von Funktionen wie interaktiver Touch-Steuerung, Gesten und Sprachbefehlen. Personalisieren Sie Ihr Gerät mit benutzerdefinierten Routinen, Hintergründen und Zifferblättern. Entdecken Sie die Fähigkeiten von Drittanbietern und aktivieren Sie Drop-in-Funktionen für eine nahtlose Kommunikation mit anderen Echo-Geräten. Mit diesen Tipps können Sie Ihren Echo Show 10 so anpassen, dass er sich nahtlos in Ihren Lebensstil einfügt und so ein personalisiertes und effizientes Smart-Home-Erlebnis schafft.

Ausführliches Benutzerhandbuch für Echo Show 8 (3. Generation, 2023)

Einrichten: Vereinfachte Schritte

Der Echo Show 8 (3. Generation, 2023) ist ein leistungsstarkes Smart Display, das modernste Technologie mit intuitiven Funktionen kombiniert, um sich nahtlos in Ihren Alltag einzufügen. Dieses ausführliche Benutzerhandbuch führt Sie durch den verkürzten Einrichtungsprozess, ermöglicht Ihnen die Konfiguration von Einstellungen entsprechend Ihrem Erlebnis, die Navigation durch die Benutzeroberfläche mit Berührungs-

und Sprachbefehlen, die Bewältigung von Sprach- und Videogesprächen, die Entdeckung von Unterhaltungsmöglichkeiten und die nahtlose Verwaltung Ihres Smart Homes.

- Einrichten: Einfache Schritte zum Befolgen

Der Einstieg in Ihren Echo Show 8 ist ganz einfach. Nachdem Sie ihn angeschlossen und für WLAN eingerichtet haben, melden Sie sich bei Ihrem Amazon-Konto an. Mithilfe der klaren Anweisungen auf dem Bildschirm können Sie schnell und einfach mit dem Einrichtungsvorgang beginnen. Sobald die Verbindung hergestellt ist, kann Ihr Echo Show 8 ganz nach Ihren Wünschen angepasst werden.

- Personalisierungseinstellungen:
  Anpassungen

Machen Sie Ihren Echo Show 8 ganz individuell, indem Sie Einstellungen festlegen. Greifen Sie auf das Einstellungsmenü zu, um die Helligkeit zu ändern, ein personalisiertes Zifferblatt auszuwählen und Routinen einzurichten, die Aktionen basierend auf Ihrem Tagesplan automatisieren. Passen Sie Benachrichtigungen an, ändern Sie die Sprachauswahl und passen Sie die Datenschutzeinstellungen an Ihre Bedürfnisse an, um ein personalisiertes und sicheres Benutzererlebnis zu gewährleisten.

Verwenden der Benutzeroberfläche: Beherrschen der Sprach- und Touch-Steuerung

Die Benutzeroberfläche des Echo Show 8 ist auf eine einfache Navigation ausgelegt. Streichen Sie einfach mit dem empfindlichen Touchscreen über die Bildschirme. Alternativ können Sie die Leistungsfähigkeit der Sprachsteuerung mit Alexa nutzen. Sagen Sie einfach „Alexa, zeig mir meinen Kalender" oder „Alexa, spiele meine Lieblingsmusik" und beobachten Sie, wie Ihr Echo Show 8 reibungslos auf Ihre Anweisungen reagiert und so ein nahtloses und freihändiges Erlebnis ermöglicht.

Sprach- und Videoanrufe: Nahtlose Benutzerverbindungen

Nutzen Sie Sprach- und Videoanrufe, um mit Ihren Lieben in Kontakt zu bleiben. Ein klares und immersives Kommunikationserlebnis wird durch die scharfen Lautsprecher und die hochauflösende Kamera des Echo Show 8 gewährleistet. Geben Sie Alexa einfach einen Sprachbefehl, um einen Kontakt anzurufen oder eingehende Anrufe zu beantworten. Mit dem Echo Show 8 wird die Verbindung mit Familie und Freunden zu einer einfachen und angenehmen Kommunikation.

- Reise durch Unterhaltung: Musik, Videos und mehr

Nehmen Sie Ihren Echo Show 8 mit auf eine unterhaltsame Reise. Genießen Sie eine riesige Musiksammlung, indem Sie bekannte Streaming-Dienste nutzen. Sehen Sie sich Videos und Filme an, um in ein Kinoerlebnis einzutauchen. Das farbenfrohe Display und die starken Lautsprecher sorgen für ein fesselndes audiovisuelles Erlebnis. Entdecken Sie eine Welt voller Optionen mit Alexa-Fähigkeiten; Von Lehrmaterialien bis hin zu interaktiven Geschichten können Sie die ganze Familie unterhalten.

Harmonie des Smart Home: Einfache Steuerung

Mit dem Echo Show 8 verwandeln Sie Ihren Wohnbereich in einen Smart-Home-Hub. Sprechen Sie einfach, um kompatible

Smart-Geräte zu steuern, oder tippen Sie auf den Bildschirm, um mit ihnen zu interagieren. Sie können bequem von Ihrem Echo Show 8 aus die Türen verriegeln, den Thermostat wechseln und das Licht dimmen. Über die benutzerfreundliche Oberfläche lässt sich Ihr Smart Home zentral steuern, was die Interaktion mit angeschlossenen Geräten erleichtert.

Adaptive Inhalte und Benutzeroberfläche: Ein benutzerzentrierter Ansatz

Der Echo Show 8 passt sich Ihren Entscheidungen und Gewohnheiten an und sorgt so für ein benutzerzentriertes Erlebnis. Alexa lernt aus Ihren Bestellungen und verbessert kontinuierlich seine Antworten und Vorschläge. Die dynamische Benutzeroberfläche passt sich an, um Material basierend auf Ihren Entscheidungen hervorzuheben. Dadurch wird sichergestellt, dass Ihr Echo Show 8 zu einem wichtigen Bestandteil Ihrer täglichen Routine wird und Ihre Interaktionen natürlicher und unterhaltsamer werden.

Alexa-Sprachsteuerung: Umfassende Benutzerberatung

Spracherkennungstraining: Indem Sie Alexa beibringen, Ihre Sprachmuster zu erkennen, können Sie ihre Spracherkennungsfähigkeiten verbessern. Gehen Sie zu den Einstellungen der Alexa-App, wählen Sie „Sprachtraining" und befolgen Sie die Anweisungen.

Automatisierung und Routinen: Nutzen Sie Alexa-Routinen, um Prozesse zu automatisieren und mehrere Geräte mit einem einzigen Befehl zu verwalten. Um die Produktivität und den Komfort zu steigern, richten Sie personalisierte Schlaf- und Morgenroutinen ein.

Integration von Skills: Entdecken Sie mit der Alexa-App die vielfältigen verfügbaren Alexa-Skills. Um Alexa noch individueller auf Ihre Anforderungen abzustimmen, aktivieren Sie Fähigkeiten zum Sprachenlernen, Trainingspläne und Nachrichtenaktualisierungen.

Sprachbefehle für Multimedia: Nutzen Sie Sprachbefehle, um Ihre Unterhaltung optimal zu nutzen. Um Musik, Filme oder Fernsehserien auf kompatiblen Streaming-Diensten abzuspielen, fragen Sie Alexa.

Benutzerhandbuch für Datenschutz und Sicherheit

Bedienelemente für Mikrofon und Kamera: Nutzen Sie die integrierten Bedienelemente für Mikrofon und Kamera, um Ihre Privatsphäre zu schützen. Um ein zusätzliches Maß an Sicherheit zu gewährleisten, decken Sie die Kamera ab oder dämpfen Sie das Mikrofon, wenn Sie es nicht verwenden.

Passen Sie die Datenschutzeinstellungen in der Alexa-App an, indem Sie zum Abschnitt „Datenschutz" gehen. Verwalten Sie Sprachaufzeichnungen, löschen Sie Ihren Verlauf und ändern Sie Ihre

Kommunikationspräferenzen entsprechend Ihren Vorlieben.

Die Aktivierung der Zwei-Faktor-Authentifizierung in Ihrem Amazon-Konto kann dazu beitragen, die Kontosicherheit zu erhöhen. Diese zusätzliche Sicherheit garantiert, dass nur Personen mit entsprechender Berechtigung auf Ihren Echo Show 8 zugreifen können.

Häufige Software-Updates: Behalten Sie die neuesten Sicherheitsfunktionen Ihres Echo Show 8 bei, indem Sie die Software auf dem neuesten Stand halten. Aktivieren Sie im Menü „Geräteoptionen" automatische Updates oder suchen Sie manuell nach Updates.

Fehlerbehebung: Behebung typischer Benutzerprobleme

Probleme mit der Verbindung: Wenn Sie Probleme mit der Verbindung haben, stellen Sie sicher, dass sich Ihr Gerät in Reichweite befindet, überprüfen Sie Ihre WLAN-Einstellungen und starten Sie Ihren Router bei Bedarf neu.

Nicht reagierender Bildschirm: Trennen Sie das Gerät vom Stromnetz und schließen Sie es erneut an, um es neu zu starten. Wenn das Problem weiterhin besteht, können Sie über das Menü „Geräteoptionen" einen Werksreset durchführen.

Wenn Alexa nicht antwortet, stellen Sie sicher, dass das Gerät mit dem Internet verbunden ist und Alexa Wörter erkennen kann. Suchen Sie nach ausstehenden Software-Updates, wenn die Probleme weiterhin bestehen.

Beheben Sie Probleme mit der Bluetooth-Kopplung, indem Sie sicherstellen, dass sich beide Geräte im Kopplungsmodus befinden, Bluetooth auf beiden neu starten und die Kompatibilität überprüfen. Trennen Sie die Geräte und schließen Sie sie erneut an, wenn die Probleme weiterhin bestehen.

Optimierungstipps: Verbesserung der Benutzereffizienz

Anpassen der täglichen Briefings: Ändern Sie den Inhalt und die Reihenfolge Ihrer täglichen Briefings, um sie einzigartiger zu gestalten. Fügen Sie mit der Alexa-App für Sie wichtige

Nachrichtenquellen, Verkehrsmeldungen und Wetteraktualisierungen hinzu.

Untersuchen Sie neue Fähigkeiten: Um die Funktionalität zu verbessern, untersuchen und aktivieren Sie regelmäßig neue Alexa-Fähigkeiten. Dank der umfangreichen Skill-Bibliothek, die Spiele und Produktivitätstools umfasst, stehen unzählige Optionen zur Verfügung.

Stimmtraining für Genauigkeit: Wenn sich Ihre Sprachmuster im Laufe der Zeit ändern, kann es von Vorteil sein, das Stimmtraining regelmäßig zu wiederholen, um die Fähigkeit von Alexa zu verbessern, Ihre Befehle zu erkennen.

Nutzen Sie die Echo Show 8-Funktionen. Entdecken Sie die einzigartigen Funktionen

Ihres Smartphones, wie den interaktiven Touchscreen, Drop-in und Videoanrufe. Machen Sie sich mit Gesten und Verknüpfungen zur einfachen Navigation vertraut.

Wenn Sie diese ausführlichen Empfehlungen befolgen, können Sie das volle Potenzial des Echo Show 8 (3. Generation, 2023) ausschöpfen und ein reibungsloses und personalisiertes Smart-Home-Erlebnis mit Alexa an der Steuerung genießen.

Abschluss

In diesem sich ständig verändernden Bereich ist die Auswahl der passenden Smart-Home-Technologieausrüstung, die zu Ihrem Alltag passt, von entscheidender Bedeutung. Sowohl der Echo Show 10 als auch der Echo Show 8 sind beeindruckende Optionen, die unterschiedliche Benutzeranforderungen und Geschmäcker erfüllen. Der Zweck dieser Schlussfolgerung besteht darin, die benutzerzentrierten Faktoren zusammenzufassen, die Ihre Entscheidungsfindung beeinflussen und Ihr Erlebnis mit einem Smart Home verbessern können.

Bei der Entscheidung zwischen Echo Show 10 und Echo Show 8 sollten Kunden ihre Bedürfnisse, einschließlich Anwendungsfälle, Budgetgrenzen und Platzbeschränkungen, besonders berücksichtigen. Ihre Interaktionen mit dem Echo Show 10 werden dank seines drehbaren Displays um einen dynamischen visuellen Aspekt erweitert. Umgekehrt behält der Echo Show 8 trotz seiner geringeren Größe seine Funktionalität bei und bietet ein tolles Preis-Leistungs-Verhältnis.

Benutzerorientierte Aspekte, die berücksichtigt werden müssen

Fläche und optischer Reiz:

Der Echo Show 8 ist möglicherweise die beste Option für Menschen mit begrenztem

Platzangebot, da er aufgrund seiner geringeren Größe einfacher in verschiedenen Bereichen positioniert werden kann, ohne den Raum einzunehmen.

Andererseits garantiert das motorisierte Schwenkdesign des Echo Show 10, dass der Bildschirm immer in Ihrer Sichtlinie ist, wenn Sie Wert auf ein Gerät legen, das sich an verschiedene Betrachtungswinkel anpassen lässt.

Displayabmessungen und Kaliber:

Mit seinem größeren Display ist der Echo Show 10 eine verlockende Wahl für Verbraucher, die Wert auf immersive Videogespräche, Unterhaltung und visuelles Material legen.

Als Alternative geht der Echo Show 8 einen Kompromiss zwischen Größe und Auflösung ein und bietet klare Bilder, ohne zu viel Platz in Ihrem Raum einzunehmen.

Finanzielle Beschränkungen:

Bei Entscheidungen sind die Kosten ein entscheidender Faktor. Für diejenigen, die ein funktionsreiches Smart Display zu einem günstigeren Preis suchen, bietet der Echo Show 8 eine verlockende Wahl.

Für diejenigen, die ein High-End-Erlebnis suchen, dürften die zusätzlichen Funktionen des Echo Show 10, wie die dynamische Bildschirmbewegung und die verbesserte Verfolgung bei Videogesprächen, den etwas höheren Preis wert sein.

Integration von Smart Homes:

Bei der Smart-Home-Integration schneiden beide Gadgets recht gut ab und ermöglichen die Sprachsteuerung angeschlossener Geräte. Stellen Sie sicher, dass Ihr ausgewähltes Gerät mit dem Smart-Home-Ökosystem kompatibel ist, über das Sie derzeit verfügen.

Für diejenigen, die Wert darauf legen, verbunden zu sein, ohne ihre Hände zu benutzen, kann die Fähigkeit des Echo Show 10, Ihre Bewegungen während Videogesprächen zu verfolgen, ebenfalls eine Wende sein.

Abschließende Bemerkungen: Verbessern Sie Ihre Erfahrung mit Smart Homes durch benutzerorientierte Erkenntnisse

PPersönliche Prioritäten und Vorlieben werden letztendlich darüber entscheiden, welcher Echo Show 10 und Echo Show 8 für Sie am besten geeignet ist. Es ist wichtig, einen benutzerorientierten Ansatz zu verfolgen, um sicherzustellen, dass das von Ihnen gewählte Gerät zu Ihrem Lebensstil passt und Ihre regelmäßigen Aktivitäten bereichert und nicht erschwert.

Der Echo Show 10 ist eine gute Wahl, wenn Sie Wert auf Innovation, reichhaltige visuelle Erlebnisse und etwas mehr finanzielle Freiheit legen. Sein größeres Display und das motorisierte Schwenkdesign machen es zu einem dynamischeren und ansprechenderen Smart-Home-Gerät.

Andererseits ist der Echo Show 8 immer noch eine fantastische Option, wenn der Platz begrenzt ist und Sie eine günstigere Option wünschen, ohne Kompromisse bei den

Funktionen einzugehen. Es bietet ein abgerundetes Smart-Display-Erlebnis und ist dank seiner geringen Größe und starken Funktionalität eine flexible Ergänzung für jedes Haus.

Letztlich kann es für Sie Trost sein, zu wissen, dass sowohl der Echo Show 10 als auch der Echo Show 8 hervorragende Smart-Home-Lösungen bieten, solange sich die Technologie weiterentwickelt. Benutzer können sich getrost für ein Gerät entscheiden, das nicht nur ihren Anforderungen entspricht, sondern auch dazu beiträgt, intelligente Technologie nahtlos in ihren Alltag zu integrieren, indem es ihre spezifischen Wünsche und Vorlieben berücksichtigt.